ullstein

Die komischen Gedichte des
MARCO TSCHIRPKE

FRÜHLING, SOMMER, HERBST UND GÜNTHER

Ullstein

Editorische Notiz

Die meisten der in diesem Band abgedruckten Gedichte erschienen zwischen 2008 und 2012 zuerst im VAT Verlag André Thiele, Mainz; zuletzt dortselbst abschließend versammelt in: Marco Tschirpke, Gedichte. Band 1, Mainz 2012.

Besuchen Sie uns im Internet:
www.ullstein-taschenbuch.de

FSC
www.fsc.org
MIX
Papier aus verantwortungsvollen Quellen
FSC® C083411

Originalausgabe im Ullstein Taschenbuch
1. Auflage Oktober 2015
3. Auflage 2015

Umschlaggestaltung: ZERO Werbeagentur, München
Titelabbildung: Foto © Erik Neumann
Illustrationen: © FinePic®, München
Layout: Jutta Kopf
Satz: Pinkuin Satz und Datentechnik, Berlin
Gesetzt aus der Centennial LT
Druck und Bindearbeiten: CPI books GmbH, Leck
Printed in Germany
ISBN 978-3-548-37617-2

Apropos Zeitgeist: Wenn ich hätte
einen Nerv treffen wollen, wäre ich
Anästhesist geworden.

VORZIMMER

Ursprünglich sollte hier schon das erste Gedicht stehen. Doch der Verlag, wild entschlossen, Ihren Wagemut zu unterschätzen, bat mich, ein Vorzimmer einzurichten, auf daß Sie dem ersten Vers nicht unvorbereitet gegenübertreten.

Ich kann in kaum einem Fall zuverlässig angeben, wie ein Gedicht entstanden ist. An einen Vorfall aber erinnere ich mich gut. Es war ein naßkalter Tag im November, und es hatte eben aufgehört zu regnen. Ich schwang mich aufs Fahrrad, um einen Kontoauszug bei der Bank zu holen. Kein spektakulärer Vorgang. Beim Anschließen des Rads aber, man beugt sich dabei ja etwas nach vorn, wurde zwischen Mütze und Schal ein kleines Stück Nacken frei – und dort hinein fiel der letzte Regentropfen vom Vordach. Er hat mich sofort (und er hätte wahrscheinlich auch Sie) an den 21. Januar 1793 erinnert. Das war der Tag, an dem in Paris Ludwig XVI. geköpft wurde. So entstand wenig später das Gedicht über seine Gattin Marie Antoinette.

Doch von vorn. Nachdem ich die Schule hinter mich gebracht hatte, beschloß ich, Romane zu schreiben. Der erste Abschnitt meines ersten Buchs ging so: *Es war August. Die Sonne stellte an diesem Tag alles in den Schatten, was bei Drei nicht auf den Bäumen ...* Weiter kam ich nicht. Ich faßte stattdessen den Entschluß, mich dem Kunstlied zu verschreiben und da weiterzumachen, wo Hugo Wolf aufgehört hatte.

Heraus kamen Gesänge mit Titeln wie „Von einer, die sich auszog, mich das Fürchten zu lehren" oder Arbeiterlieder wie „Hände weg von meinem Ferrari"; nicht zu vergessen einige volkstümliche Mitmachnummern à la „Stillesein und hoffen". Ich nannte diese abgeschlossenen Fragmente LAPSUS-LIEDER und hackte beim Vortrag fröhlich ins Klavier. Mit derlei trat ich auf die kleinsten Bühnen, die ich in Berlin finden konnte. Dem ersten Soloabend, der überraschend gut lief für einen jungen Nachwuchskabarettisten, folgte bald ein zweiter mit dem folgerichtigen Titel „Lauf, Masche, lauf!". Ab 2006 spezialisierte ich mich darauf, die gereimten Zweizeiler von Peter Hacks zusammenzukürzen.
Die Brücke zur Lyrik war betreten. Die Lyrik eines anderen zwar, aber wenn ich mich nicht zu doof anstellen würde, ließe sich das andere Ende der Brücke vielleicht mit den eigenen Texten erreichen. Zunächst ging mir auf, daß Songtexte in handwerklicher Hinsicht ziemlich miserabel sein dürfen, ohne daß es jemand merkt, ein Gedicht hingegen andere Ansprüche stellt. Zwar wird in Deutschland seit 1945 auf den Endreim verzichtet. Aber auch das Versmaß ist hin. Der Großbuchstabe getilgt. Kurz gesagt, es ist beinahe alles moderne Lyrik. Moderne Lyrik, ich gebe meine Definition, ist Prosa mit dem Hang zum Zeilenumbruch. Davon werden Sie in diesem Buch weniger finden, denn ich halte es für sachdienlicher, der Deutschen Klassik einige Gedichte hinzuzufügen. So ist es kein Zufall, daß Sie im vorliegenden Band einigen historischen Personen begegnen werden, bekannten und unbekannten.

Unter ihnen sind viele Maler und einige Landstreicher. Der Grund ist schnell hergezeigt. Ich ärgere mich sehr gern über Kunst. Die Weltgeschichte ist voll davon und meiner Neigung keine Grenze gesetzt. Da die Vergangenheit rein rechnerisch reichhaltiger ist als die Gegenwart – weil mehr Zeit in ihr Platz hat –, läßt sich ihr viel entnehmen. Die Jetztzeit ist ein kurzer Moment. Aber allein das Pleistozän!

Seien Sie unbesorgt: Das alles klingt schlimmer, als es sich anhört. Wann immer ich Ihnen mit der Antike oder Ernst Thälmann komme – gemeint ist stets das Hier und Heute. Jede Geschichte, ob sie nun das Universum enthält oder lediglich einen Salzstreuer, fing im Gestern an. Ob Gregor Mendel, Käthe Kollwitz, Heinrich Schliemann, Leonardo da Vinci oder Robert Lembke – sie alle haben versucht, sich einen Reim auf die Welt zu machen. Und ich, in aller Bescheidenheit, habe einen Reim auf sie gemacht. Es sind selten Lobgesänge, es sind kaum Schmähungen.

Ich bin drauf und dran, Ihnen viel Glück zu wünschen beim Erhaschen der Pointen. Aber bevor Sie mich einen arroganten Schnösel schelten: Immer wenn ich versuche, den mir innewohnenden Hochmut zu verstecken, wirkt das überheblich. Anders formuliert: Ich wende mich nicht in erster Linie an den Arbeiter oder an den Bauern. Aber ich wende mich damit auch nicht von ihnen ab.

M.T.

STAUBWISCHEN

Auf den Birkenholzfurnieren,
Die die Spanplatten kaschieren,
Schieb ich hin und her das Tuch.
Und weshalb? Es kommt Besuch.

„Die Welt ist so groß und reich und das Leben so mannigfaltig, daß es an Anlässen zu Gedichten nie fehlen wird.“ (Goethe am 18. September 1823 zu Eckermann)

IM MUSEUM

Kühn setzt sich, im schwarzen Pelz,
Sechsbeinig und ausdrucksarm,
Eine Fliege aufs Gemälde,
Nicht auslösend den Alarm.

Sie hat sich, ob absichtsvoll,
Jedenfalls nicht nach der Nase,
Auf ein Stilleben gesetzt:
Tisch mit Obst, Konfekt und Vase.

Wie sie da so sitzt im Bild
Und das Stilleben belebt,
Auf dem runden Bauch der Birne
Ihre Hinterbeine hebt,

Hole ich, der Ordnung halber,
Mit der Rechten etwas aus,
Bring das Tier in eine Ebene.
Jetzt sirent das ganze Haus.

MODERNE MALEREI

Vor 'nem schwarzen Viereck
Stehend, sprech ich mild:
„Nur weil's an der Wand hängt,
Ist es noch kein Bild."

WOLKENTEE

Wie ich in meiner Küche steh,
Seh ich die Wolke
Und den Tee.

Sie ziehn
Gemeinsam
An keinem Strang.

RUF ZUR ORDNUNG

Ich kenn verwegne Frauen
Mit Nieten in den Brauen.
Sogar die Zart- und Leisen
Bestücken sich mit Eisen.

In Brüsten und in Nabeln
Entzücken kleine Gabeln.
Du öffnest eine Schnalle:
Was findest du? Metalle.

Im Westen und im Osten,
Die Venushügel rosten.
Erst spielst du mit, doch dann
Entfährt's dir: „Zieh dich an!"

PROSAISCHER LYRIKER

Dämmer jätend sitzt der Dichter
Auf dem alten Sorgenstuhle
Und erwartet mondbeleuchtet
Seine schmale somnambule
Schreiblust, weil er sie jetzt bräuchte,
Daß sie ihm die Feder feuchte.

Weiß der Bogen aus Papier,
Weiß der Geier, wie er hier
Lautlos kämpft um jedes Wort.

Jammer jätend sitzt der Dichter
Auf dem alten Sorgenstuhle,
Und er hört im Morgengrauen
Seine Frau den Hund verhauen.

Wenig später, mit Getöse
Sich Papier und Feder schnappend,
Kommt die ausgeschlafne Vettel
Und schreibt ihren Einkaufszettel.

AN FRAU …

Deine unverwüstliche
Oasenhaftigkeit
Läßt in jedem Manne
Die Hoffnung keimen,
Er wäre
Ein Kamel.

Schon bei Dante gibt es Verse dieser Art: Man weiß zunächst nicht, um wen es geht. Hinterher aber auch nicht.

AN KÄTHE KOLLWITZ

Wie viele elende Mütter
Mit hungernden Kindern
Hast du mit Kohle auf Papier
gezeichnet?

Heute flanieren durch die Straße,
Die deinen Namen trägt,
Mütter mit Kindern,
Von Kohle gezeichnet.

Die Kollwitzstraße liegt im Prenzlauer Berg, einem alten Berliner Arbeiterviertel. Heute ohne Arbeiter.

JUNGE CONTROLLER

Sacht schwingen die Schlipse
Der jungen Controller,
Doch ohne Krawattenzwang
Wär ihnen wohler.

Die Effizienz ist hier
Das Maß aller Dinge.
Drum tragen sie schon mal
Den Hals in der Schlinge.

DE FACTO DAKTYLEN

Da fragt mich ein Mädchen mit Klemmbrett die Tage,
Ob ich mitmach bei einer Meinungsumfrage.
Ich fall ihr ins Wort, sag: „Ich hab keine Meinung,
Ich habe ein Weltbild und neig zur Verneinung."
Noch ehe sie sich im Erwidern verlor,
Sprach ich: „Und, nebenbei, du kommst nicht darin vor."

VOM FÜLLEN DES WAGENS

Schon wieder ist er fast voll,
Der metallene Gitterbauch.
Dabei standen auf meinem Zettel
Nur drei Dinge, die ich brauch.

Und ich dachte, ich sei autonom,
Gerade in Entscheidungsfragen.
Doch ich bin nur das fünfte Rad
An meinem Einkaufswagen.

AUSFLUG

Am Ufersaum entlang
Setzt sie das Füßchen schlank
Und blickt vergnügt zurück.

Der nasse Sand gluckst keck
Und schiebt sich beidseits weg.
Die Spur wächst Stück um Stück.

Wir gehen, hopsen, laufen,
Hier gibt es nichts zu kaufen.
Da ist es schon, das Glück.

0800 332060440

Es glaubt an Nixen und Fiktion,
An Einhorn, Spuk und Elfen,
Wer denkt, ein Servicetelefon
Sei da, um ihm zu helfen.

VANITAS

Tief im Mischwald kreischt die Säge,
Frißt sich durch des Baumes Mark.
In dem Höllenlärm fällt krachend
Holz für deinen Eichensarg.

Oder Holz für jene Wiege,
Drin dein Nachwuchs sich bepißt,
Der die Pflege deines Grabes,
Wenn es soweit ist, vergißt.

OLYMPISCHE SPIELE

Tochter allerfrühster Ahnen,
Liegt im Sande die Titanin
Mnemosyne.

Zeus, im Kleid des Potentaten,
Bettet sich zur leidlich Zarten
In die Düne.

Bald gebiert an seinem Busen
Gaias Tochter lauter Musen
In die Scheune.

Zeus, erprobter Gott und Flegel,
Sichtet gähnend Kind und Kegel,
Alle neune.

Die neun olympischen Schutzgöttinnen der Künste entstanden auf diese Weise. Und wenn Sie mich mit dem Baseballschläger bedrohen: Schon in der Antike wurde gekegelt.

AUF DIE AMPHORE

Du, antiker Doppelträger,
Regst in mir den Lautenschläger
An, ein Ständchen dir zu bringen
Und von alter Zeit zu singen.

Wasser, Essig, Wein und Öle
Füllten deines Bauches Höhle.
Auf dem Marktplatz dicht gedrängt
Wurde ein- und ausgeschenkt.

Sonnige Trojanerinnen,
Weiß gewandet in ihr Linnen,
Schickten dich auf Odyssee
Oder nur von A nach B.

Irgendwann und unter Klagen
Stopfte Asche deinen Magen.
Beigestellt dem Sarkophag,
Nahm der Tod dich in Beschlag.

Bliebst im Erdreich lange Zeiten,
Um den Boden zu bereiten
Für den deutschen Grabungsleiter
Und für seine Mitarbeiter.

Als dann Heinrich Schliemann kam
Und die Scherben an sich nahm,
Fügten sich nach einer Weile
Die versprengten Einzelteile.

Sanft befreit vom Grabungspinsel,
Kamst du zur Museumsinsel
Nach Berlin, zur jungen Stadt,
Die jetzt auch was Altes hat.

RENTNERS NACHTLIED

In deinen Jahren
Ist Ruh,
Den sabbernden Enkel
Setzest du
Dir auf den Bauch;
Die Windeln, sie liegen auf Halde.
Warte nur, balde
Sabberst du auch.

PERFIDE DROHUNG

Die Muse ist oft wählerisch
Und küßt durchaus nicht jeden.
So blieb ich gestern ungeküßt.
Sie sprach: „Wir müssen reden.“

BESUCH IN OßMANNSTEDT

Sonnenstrahlen tanzen auf
Wielands Gut und Atelier.
Ein gestreckter Wasserlauf
Führt fast bis zum Messingknauf
An der Türe zum Foyer.

Fern vom Sturm auf die Bastei,
Zeigt sich schlendernd der Prolet
Hocherstaunt, in welcherlei
Kleinem Maßstab doch Versailles
Sehr hübsch nachzuahmen geht.

Ohne Christoph Martin Wieland (1733 – 1813) wären in Weimar weder verfeinerte Nachrichten von der Französischen Revolution noch eine Deutsche Klassik zu haben gewesen.

MARIE ANTOINETTE

Routiniert am Fallbeil steht
Der Henker von Paris.
Und wie er bisher alles tat,
So tut er heute dies:

Die Königin hat ausgedient,
Obwohl noch jung an Jahren.
Doch der Konvent beschloß nun mal,
Die Rente einzusparen.

Kurz geheult, kurz gebückt,
Die Klinge saust hernieder.
Das Volk steht stumm und denkt bei sich:
Die kommt so schnell nicht wieder.

PUPPENHAUS

Ich war neulich, nur mal so,
Schlangestehn bei Frau Tussaud.
Hab die Wachsfigurn gemocht,
Hatten leider keinen Docht.

(Hatte nämlich grade zwei
Trockne Streichhölzer dabei.)

Im Jahre 1793 fertigte die 32jährige Marie Tussaud die Totenmaske der 38jährigen Marie Antoinette an, nachdem diese die Guillotine besucht hatte.

DIE BLUMIGE SEITE DER EMOTIONALITÄT

Was mich am meisten bewegt,
Du ahnst es schon,
Ist – neben Forsythien –
Die Erdrotation.

Die Kernfrage

Mein Baum trägt sieben Stare
Und Kirschen noch viel mehr.
Sie liegen in den Mägen
Der Vögel als Dessert.

Die Kerne fliegen weiter,
Als ich sie spucken kann.
Bald fängt das Kirschaufbäumen
Noch ganz woanders an.

Nur wenn ein Kern das Pech hat
Und fällt auf den Beton,
Dann wird aus ihm kein Obstbaum
Und rettet ihn kein Song.

DER DOPPEL-T-TRÄGER

Sie wissen schon, das Ding aus Stahl;
Segmente tonnenschwer und lang;
Auf Stoß verlegt. Sie bilden mal
Den allerschönsten Schienenstrang.

Wir reden von Amerika
Im neunzehnten Jahrhundert:
Ein Pferd steht in Virginia
Und blickt zutiefst verwundert.

Biegefeste Gleisprofile
Schneiden durch Indianerland
Und verbinden hehre Ziele
Gegen jeden Widerstand.

Seit die Ebene erschlossen,
Reckt sich bald der gleiche Stahl
In den Himmel. Unverdrossen
Steigt der Wolkenkratzer Zahl.

Liftboys schweben halbe Meilen
Auf und nieder, zäh verschwiegen,
Während in den Zugabteilen
Cowboys breite Ärsche kriegen.

STANTE PEDE ANTE PORTAS

Schau, Kolumbus, wärst du damals
Träge und zu Haus geblieben:
Irgendeiner hätte schon die
Rothäute vertrieben.

Jetzt, da der Apache tot ist,
Nimmt das Elend seinen Lauf:
Tätowierte Typen suchen
Sonnenstudios auf.

WENN DIE WEIBER

Wenn die Weiber wütend brausen,
Zügellos durchs Zimmer sausen,
Heulen, fauchen, sich verfärben –
Möcht ich unverzüglich sterben.

Wenn sie flöten, lispeln, säuseln,
Ihre Lippen zärtlich kräuseln
Und die Braue lieblich heben –
Möcht ich wieder weiterleben.

DIE ALTEN MEISTER

So mancher Maler ist bekannt,
Der sich auf junge Frau'n verstand.
Beseelt, besorgt und scheel begafft
Durchlitt die Magd die Schwangerschaft.

Schon bald hält sie vom Herrn Genie
Ein Söhnchen auf dem hübschen Knie.
Im Atelier dann stellt das Paar
Die *Jungfrau mit dem Kinde* dar.

PORTRÄT EINES KÖNIGS

Der Firnis hat längst Risse,
Das Bild ist nachgedunkelt.
Es zeigt den dicken König,
Sein Doppelkinn furunkelt.

So sehen ihn die Leute,
Und er besieht die Meute.
Die denkt sich: O ein König!
Der kostet wohl nicht wenig.

Der kostet Hirsch und Hecht,
Und nachher wird ihm schlecht.
Sein Maler, so der Brauch,
Der pinselt ihm den Bauch.

MAKING-OF

Ich ging unter Kastanien
Im grünen Schatten hin
Und fürchtete, ein Vers darob
Verließe gleich mein Kinn.

Nun, hiermit sei verkündet:
Die Furcht, sie war begründet.

MONA LISA

Stund um Stunde stillgestanden
Hatten wir in Frankreichs Landen,
Um im Louvre – und im Stehen –
Das berühmte Bild zu sehen.
Furchtbar. Grausig. Dieses Drängen
Ungezähmter Menschenmengen!

Fünfzehnhundertdrei hingegen
Hing er anders schief, der Segen:
Stund um Stunde stillgesessen
Hatte sie – kein Wein, kein Essen –,
Als sie sprach zum Mann der Gilde:
„Schluß jetzt, Herr! Ich bin im Bilde!“

LUTHER BEI CRANACH

„Schnapp Er sich schon die Palette!
Nehm ich mir halt noch mal Zeit,
Tu, wie wenn ich welche hätte,
Kunst braucht einmal Artigkeit.
Zahl ich Lohn Ihm obendrein,
Will ich gut getroffen sein!"

„Eure Nase, lieber Luther,
Ist so leicht zu treffen nicht.
Ist nicht grad ein Liliputer …
Und schmückt doch das Angesicht!
Eitler Männer Medizin
Ist der Duft von Terpentin …"

„Kerl, was meint Er, wer Er sei!
Letzten Herbst, man war besoffen,
Hat ein Flegel von Lakai
Meine Nas' sehr gut getroffen!
Stell Er sie gefälligst dar,
Wie sie ungebrochen war!"

HIMMELSKUNDE

Weißt du, wieviel Sternlein stehen,
Kenntnisreicher Astronom?
Ungezählte, sagt er leise,
Dafür hat er sein Diplom.

Gott der Herr hat sie gezählet,
Doch dem Wissenschaftler fehlet
– Aus Vernunft, nicht aus Versehn –
Jeder Drang, dem nachzugehn.

MENGE DER SPLITTER

Zieht man mal die Menge der
Splitter, die von alters her
In den Kirchen und Museen
In den Prunkvitrinen stehen
Und vom Kreuze Christi stammen,
Rechnerisch exakt zusammen,
Kommt man ohne Fehl sehr bald
Auf fast tausend Hektar Wald.

JAKOB UND DIE ELFE

Früher, als in recht intimen
Zirkeln Mönche Reime riemen,
Schätzte man noch halbverweste
Epen voller Anapäste.

Oft ward schmählich übersehen
Bruder Jakob, der Trochäen
Handhabte wie sonst kein zweiter,
Denn er war ein Wegbereiter.

Einmal klopfte an die Scheibe
Seiner Eremitenbleibe
Eine Elfe, drall und rein,
Um ihm beigesellt zu sein.

Nun, er zog die hübsche Muse
Schnurstracks aus der Seidenbluse,
Lobte wortreich ihre Locken
Und betätigte die Glocken.

Heut noch singen alle Kleinen
Jenes Lied, das, will ich meinen,
Eine Ahnung hinterläßt
Von des Bruders Manifest.

DER KLOSTERGÄRTNER

Gregor, alter Erbsenzähler,
Jetzt bekenne endlich Farbe!
Was zum Teufel soll der Pollen
Auf der falschen Blütennarbe?
Auch die langen Schotenreihen
Können wir dir nicht verzeihen.

Hinter dicken Klostermauern
Forscht der Mönch zwölf strenge Jahre,
Wie sich so ein gelber Same
Mit dem grünen Samen paare,
Wie sich Eigenschaften spalten,
Die bisher als Zufall galten.

Rot und weiße Erbsenblüten
Kreuzt der unbeirrte Mann,
Den man heute als den Vati
Der Genetik ansehn kann.
Wahrlich: Unser Weltbild weiten
Häufig stumpfe Tätigkeiten.

NOVIZE, DIE BIBEL AUSLEGEND

Der Traktoristin Schal strich sanft
Die blasse Wange ihm, worin
Sein Glaube sich vollendete:
Als sie am Feldsaum wendete,
Hielt er ihr auch – die andre hin.

DER PARK ZU MEINEN FÜẞEN

Der Park zu meinen Füßen,
Ein grüner Teppichflor,
Liegt ausgerollt und schattig,
Am Wegrand duckt sich Lattich
Im Sonnenkorridor.

Von Zeit zu Zeit wird's nötig,
Da schnapp ich mir den Flor
Und häng den Rasenteppich
Samt Baumbestand und Eppich
Hoch übers Eisenrohr.

Ich schwing den Teppichklopfer,
Dresch allen Schmutz hinaus:
Passanten, Müll und Hunde,
Und roll nach einer Stunde
Die Landschaft wieder aus.

Im Park zu meinen Füßen,
Ganz nah am Veilchenbeet,
Liegt hingestreckt zur Gänze
Und zugewandt dem Lenze
Ein glücklicher Poet.

IM SÜDEN

Der Müll auf den Straßen Neapels, er stank
Und lullte mich ein ins Odeur meiner Kindheit.
Ich stieg wie betäubt Serpentinen entlang,
Dem Krater entgegen in sonniger Blindheit.

Am Fuß des Vesuvs ist die Welt noch profan,
Verkauft werden Drinks und der übliche Nippes.
Die Pilger, sie suchen mit Durchschnittselan
In Wühltischen nahe Pompeji was Hippes.

Noch wenige Meter, dann ist es geschafft,
Man wittert den Kochtopf der Schmelzelemente.
Dann steht der entsetzte Besucher und gafft
Hinab auf Geröll. Sonst nichts? Niente.

VENUS BEIM SONNENBAD

Wie das Dörrobst auf dem Teller
Welkt das schlecht justierte Fleisch.
Schwer fällt, Göttinnen zu preisen,
Wenn die Geier oben kreisen.

HERINGSDORF

Hier, wo die Ostsee sich schreckhaft
Zusammenzieht
Zur Badewanne Berlins,
Huldigten schon Maxim Gorki, Lyonel Feininger,
Hermann Göring und Harry Tisch
Dem Fisch.

Man muß sich einmal ausruhen
Vom Dichten, Malen, Morden und Tischlern.

HERBSTENDE

Ritterliche Menschen räumen
Drachenreste aus den Bäumen.

DIES UND DAS

Dem Deutschen nagt im Herzen kaum
Die Furcht, überfahren zu werden.
Hingegen ist sein alpster Traum,
Sein schlimmstes Wenn und Wehe:
Daß man ihn übergehe.

ES STUND EIN REH

Es stund ein Reh an der B2,
Das ließ den Grenzverkehr vorbei.
Wenn seine Freier auf ihm ritten,
War eine Grenze überschritten.

Jawoll, sie bürsteten sein Fell·
Und wurden experimentell.
In Rehleins Aug steht der Bescheid:
Kein schöner Land in dieser Zeit.

ATLANTIS

Ich bin auf Atlantis geboren
Hinein in fast siebzehn Millionen.
Die Buchstabensuppe bewachten
Wir ABC-Schützen und dachten:

‚Kein Baum, den wir nicht lieben.
Kein Vogel, den wir nicht kriegen.‘
Die Halstücher leuchteten bunter
Als unsere Hälse darunter.

Das ist längst vorbei und versandet,
Jetzt lebt es sich hier wie gestrandet.
Als Land unterm Meer bleibt Atlantis
Der Mehrheit ein gründlich verkanntes.

Was ich in der Herzgrube trage,
Das fördert kein Bagger zutage.
Doch hör ich was flüstern wie „Immer bereit
Zum Rausch in epochaler Traurigkeit!“

Ich sehe mein Zerrbild im Wasser.
Von Jahr zu Jahr wähn ich es blasser
Und denk, wenn ich am Ufer steh:
‚Wann ich zurück ins Wasser geh?‘

JUGOSLAWIEN, MON AMOUR

Aus der deutschen Wiege stieg
Ein gediegner Bruderkrieg.
Selten, daß der Zufall waltet,
Wo man sich die Schädel spaltet.

GRÜNDE

Das stolze Rom ging unter
Aus Gründen vielerlei.
Das Inkareich verdorrte
Durch Spaniens Barbarei.
Die Kelten lösten gründlich
Sich Schlachten schlagend auf.
Es nahm bei den Mongolen
Der Typhus seinen Lauf.
Mein Staat fiel zu den Ahnen
Aus Mangel an Bananen.

NACHTGEDANKE

Kein Tier in der Savanne
Schnarcht so wie du, Susanne.

AUF DER WEIDE

Über hundert Schafe hat die
Herde, doch nur einen Hund,
Welcher, als die Wölfe kamen
Und sich ihre Beute nahmen,
Schüchtern an der Seite stund.

Auch versagte der erst kürzlich
Selbstgebaute Schwachstromzaun.
Diese Wölfe sind gerissen,
Räuber, die mit Drosselbissen
Sich an jede Kehle traun.

Wenn hingegen wilde Hunde
Jagd machen aufs Lammkotelett,
Ihrer kurzen Zähne wegen
Schleudernd sich ein Tier erlegen,
Spritzen Blut und Knochenfett.

Diese drei genannten Fälle
Können Folgendes uns lehren:
Nie sollst du den frechen Laien,
Mag ein Gott sein Tun verzeihen,
Sondern stets die Fachkraft ehren.

HARRY ROWOHLT

Er war im Nehmen hart,
Trug einen Rauschebart
Und sonst Geschichten vor.

Der tollkühn übersetzte,
Den Weltgeist nicht verpetzte,
Trat nun durchs letzte Tor.

Herr, Du, beim Kartenmischen:
Konnt's nicht den Gauck erwischen?
Ich spart' den Trauerflor.

ROBESPIERRE 2010

Bürger! Wann endlich hängt ihr
Eure Politiker? Die gegen euren
Willen die Stadtwerke privatisierten
Und alles Wasser, allen Verstand

Verhökerten und ungestraft
Auch weiterhin ihrem Treiben
Nachgehen? Menschen, die man
Bevollmächtigte des Volkes nennt,

Sind einzig damit beschäftigt, es
Herabzusetzen und zugrunde zu
Richten. Es ist nicht die Kunst
Der Tyrannen, die Kraft des Volks

Zu berechnen. Sie sind weit davon
Entfernt, die Nähe des Aufruhrs zu
Sehen. Es liegt an euch, jene zu köpfen,
Die in eurem Namen in fernen Ländern

Morden und brandschatzen lassen
Und euch willentlich der Rache ihrer
Opfer aussetzen. Ihr seid euch selbst
Und der Welt diese Wohltat schuldig.

Die eine Hälfte des Textes entstammt den Reden von
Maximilien Robespierre (1758–1794). Die andere Hälfte nicht.

KALENDERPFERDE

Zwölf nackte Pferde mit glänzenden Brauen,
Sie wirken, mit Skepsis betrachtet, recht zahm.
Traben versonnen, durchkämmen die Auen,
Sie werden nicht müde, sind niemandem gram.

Elf nackte Pferde vor hölzernem Schober
Verziern den Kalender im Wochenendhaus.
Werfen die Mähne von März bis Oktober
Und nehmen allmonatlich einzeln Reißaus.

Zehn nackte Pferde, sie blühn und verheißen,
Ermuntern zum Träumen den dösenden Mann.
Ich wünschte, man säh sie auch fressen und scheißen,
Doch gegen Romantik kommt keiner leicht an.

DIE ROßKUR*

Das Gemälde scheint vollkommen,
Doch der Maler steht beklommen.
Bald brummt Edvard Munch sonor:
„Ich hab weitres mit ihm vor.“

Er plaziert das Bild vorm Haus,
Setzt es Wind und Wetter aus.
Mit im Wittrungsaufgebot
Sind Regen, Schnee und Vogelkot.

Jegliche Verschleißerscheinung
Dient der Kunst, nach seiner Meinung.
Er höchstselbst tritt hin und wieder
Leinwände und Skizzen nieder.

Was den Mann dazu bewegt,
Ist durch Quellen klar belegt:
Munch hält jedes Bild für matt,
Wenn es keine Schäden hat.

Heute stöhnt der Restaurator
Hinterm Plastikventilator.
„Regenguß“, so sein Bescheid,
„Mindert stark die Haltbarkeit.“

O ich wünschte, das komplette
Werk von Andy Warhol hätte,
Statt den Erdball zu umrunden,
Solchen Niederschlag gefunden.

* Menschen meiner Generation kennen das Wort ROßKUR kaum mehr. Für den Fall, daß Sie momentan nicht im Kopf haben, was es meint – es wird im Laufe des Gedichts auch nicht erklärt.

MARC UND MACKE

Ach, was muß man oft von bösen
Malern hören oder lesen!
Wie zum Beispiel hier von diesen,
Welche Marc und Macke hießen.
Die, anstatt den Strich zu ziehen,
Ihren Kopf dem Kriegsgott liehen,
Ihre Staffelei verlachten
Und nationalistisch dachten. –
– Ja, zur Kriegsfreiwilligkeit,
Ja, dazu ist man bereit! –
– Aber wehe, wehe, wehe!
Wenn ich auf das Ende sehe!! –
– Ach, das war ein schlimmes Ding,
Wie es Marc und Macke ging.
– Kaum im Feld, fiel gleich ein Schuß.
Beide tot. Bums. Aus. Und Schluß.

SPÄTWERK PICASSOS

„Stellen Sie sich bitte schnell“,
Sagt der Maler zum Modell,
„Vor der Couch in Positur,
Ich stell hier derweil die Uhr.
Oder gibt es einen Einwand?“

Dann, mit großer Farbroutine,
Streicht die alte Malmaschine
Großformatig kühne Formen
Frei von Konvention und Normen
Auf die schon gespannte Leinwand.

Der Madame wird unbehaglich,
Und sie bringt hervor: „Ich frag mich,
Bin ich wirklich hier vonnöten?“
Da hört sie den Alten flöten:
„Nein, Madame, im Grunde nicht.“

BILDER IN HOTELS

Gerahmte Farbtupfer,
Zum Betrachten
Ungeeignet.

Die Aufgabe, die sie erfüllen,
Hat ihnen die Innendekorateurin gestellt:
Akzente zu setzen.

So sprechen mich die Bilder an:
Mit Akzent.

„ 'ol üns 'ier 'aus!"

In meinem Keller blühen
Zehn Mohnfelder von Monet.

Das Gedicht entstand nach einem Gastspiel in Herne. Im dortigen Hotel fand sich die international gebräuchliche Tapetenart des Typs EIIUA („Erschlagene Insekten In Unregelmäßigen Abständen").

DIE KÖNIGIN IM PFEIFENWALD

Die Königin im Pfeifenwald
Sitzt auf der breiten Bank
Und schiebt der Füßchen Wohlgestalt
Auf dem Pedal entlang.

Die Finger wühln im Tastengrund,
Sie graben Klänge aus.
Mit kaltem Po und offnem Mund
Sitzt man im Gotteshaus.

Dort draußen vor dem Kirchportal
Ein rauher Sturm beginnt.
Hier drinnen saust der Bachchoral:
Veredelt ist der Wind.

SCHIFFE TUTEN AUF DEM MEER

Schiffe tuten auf dem Meer,
Neigen sich vor starken Stürmen,
Welche Wog auf Woge türmen.
Unser Kahn kippt hin und her.

Heimweh, das die Nerven frißt,
Flutet stündlich die Gemüter.
Jeder Trost, auch ein bemühter,
Tröstet den, der seekrank ist.

Keine Stimme weit und breit
Gibt Kommando, umzudrehen.
Wenn wir übern Jordan gehen,
War's wahrscheinlich an der Zeit.

ÜBER SIEBEN BRUCKNER MUßT DU GEHN

Bernsteine und Berge,
Schöne Berge und Haydn,
Telemänner – sie schützen
Die Bachblüten vor Pfitzen.

Loewe schulhofft maulend
In dem orffschen Dowland
Auf Fux und Meyerbeeren,
Mit Ives sie zu bekehren.

Kurtág ein, tagaus
Schubert Wolf im Holst.
Doch reger als er litten
Egk und Byrd an Britten.

Monte, Verdi, monte!
Reinecke Scharwenka!
Nono schweelinckt Francke,
Humperdincke danke!

Je ein Quantz pro Kofjew
Streicht sich den Bartholdy.
Wolpe stamitzt Pausen,
Grieg zerstört Stockhausen.

Offenbach sucht Webern
Immer wieder Händel.
Eh' ich mich varèse
Purcell ich zum Endl.

AM PULT DER ZEIT

Ein Fliegenschiß war so placiert,
Daß er den Maestro irritiert:

Die Note da hat keinen Sinn,
Die ganze Harmonie ist hin!

Beschließt, den Mozart hinzuknalln.
Bei Schönberg wär's nicht aufgefalln.

HIER IRRT TSCHAIKOWSKI

Es ist ein Irrtum in der Welt,
Der kehrt beständig wieder:
Es *tanzt* der Schwan nicht, wenn er stirbt.
Er legt sich einfach nieder.

FRAGENDE FRAUEN

Immer wieder fragen Frauen,
Ob ich Steinbock oder Stier,
Löwe oder Skorpion sei,
Und ich sag: „Bevor Sie hier
Gleich ein ‚Wußtichsdoch!‘ verschwenden,
Möcht ich das Gespräch beenden.“

ZEUS UND HERA

Als Mann, als Stier, als Schwan
Zeugt Zeus aus strammen Lenden
Die halbe Götterwelt
Nebst allerlei Legenden.

Er liebt in jede Richtung
Im Lichtmeer seiner Strahlen
Und liebt auch die Vernichtung
Der trotzigen Rivalen.

Der Urvater des Leichtsinns,
Der selbst kein Alter kennt,
Er leidet maßlos, wenn er
Mit seiner Alten pennt.

Da schwänzt sein Schwanz und zuckt nicht,
Wenn Hera ihn entblößt.
Es ist nicht unerheblich,
Woran ein Gott sich stößt.

SCHNAPSIDEN DES MÄRZ

Cäsar hört den Augur sagen:
„Imperator, wenn Sie fragen,
Ob es wohl das rechte sei,
Daß ich Böses prophezei,
Lautet meine Antwort so:
Ach i wo, Herr, ach i wo!“

Beide kringeln sich vor Lachen.
Unbemerkt von dreißig Wachen,
Schleichen Brutus und sein Mann
Longinus an sie heran.
Cäsar: „Da wir uns grad sprechen –
Augur, ich hab Seitenstechen!“

Begab sich am 15. März 44 vor unserer Zeitrechnung.

KAMMERSPIELE

Rief die Jungfer: „Kammerfrau,
Bring nur schnell den Kamm!
Daß dem Prinzen Möchtegern
Rasch das Herz entflamm!“

„Einen Kamm!“, faucht da die Kammer-
frau die Kammerzofe an.
Diese hat nur unzureichend
Jenen Dienst getan:

Blieb auf halbem Wege stecken
In des Kammerjägers Kammer.
Kam heraus, die Röcke ordnend,
Seufzte leis: „Das war der Hammer!“

Schließlich war’s das Kammermädchen,
Welches nun den Kamm gebracht.
Doch das Königssöhnchen hatte
Auf dem Absatz kehrtgemacht.

Im 17. und 18. Jahrhundert unterstand das Kammermädchen der Kammerzofe und diese der Kammerfrau.

SORGEN DER VORFAHREN

Es war eine Qual
Im Neandertal,
Zu jagen nach dem Gnu
Im unerfundnen Schuh.

Das Gedicht entstand anläßlich des 2. Deutschen Bequemschuh-Symposiums in Zeulenroda.

Kulinarische Fußnote

Fondue – das meint: an runden Tischen
Gemeinschaftlich im Trüben fischen.

BRA KO BA GA

Seltsam: Wenn wir braten, kochen,
Backen und gar manches garen –
Immer duftet's in der Küche,
Wenn wir in die Schürze fahren.
Wohlgeruch durchschwebt die Zimmer.
Nur beim Nachbarn stinkt das immer.

DIE ÖVELGÖNNERIN

Eva, rette deinen Rühmkorf!
Den Schlawiner, das Genie.
Leg den Schlüssel in den Rockschoß
Und den Dietrich übers Knie.

Früher gab es noch Mäzene:
Könige und Kaiser lernten,
Grüne Dichter anzupflanzen
Und den Lobgesang zu ernten.

Heute reicht der Gattin Einkunft
Grad zum Künstlerleben hin.
Sieh, auf diese schöne Weise
Wirst du, Eva, Königin!

Övelgönne: Hamburger Stadtteil, den die Rühmkorfs bewohnten.
Eva Rühmkorf leitete zu der Zeit, um die es hier geht, eine Jugendstrafanstalt.

DÉFORMATION PROFESSIONNELLE

Unsre Zeit, sie deformiert
Nicht allein den Leiharbeiter.
Auch im Künstlerhirn vibriert
Zeitgeist wie Gewebeeiter,

In der hier und heut fixierten
Staatsform steigen rings zuhauf
Vorzugsweis die Deformierten
In den Dichterhimmel auf.

Sich in den Olymp zu pressen
Sind sie allbereit und munter.
Wenn die Wolke durchgesessen,
Falln sie alle wieder runter.

Einer, der zu diesen öden
Possen keine Neigung fand,
Dichtete, fernab vom Schnöden,
Am verbauten Elbestrand.

Tomayer, gepriesen seien
Und der Nachwelt aufbewahrt
Deine laxen Litaneien:
Polternd, tänzelnd, winterhart.

Wer das dichterische Werk Horst Tomayers (1938–2013) nicht kennt, der hat das Schönste im Leben noch vor sich.

ERNST THÄLMANN, EINER FLASCHE SEKT VERGLICHEN

Was bessernd eingreift in die Welt,
Das wird beizeiten kaltgestellt.

DEUTSCHE GEGEND

Da gehst du still, von Sorgen satt,
Durch die mißlungne Landschaft,
Spürst keinen Rest von Sympathie
Für Anhang und Verwandtschaft.

Die Häuser stehen, wie sie stehn,
Verschlossen oder offen.
Hineinzugehen oder nicht,
Die Aussicht macht betroffen.

Im Baum nistet ein Vogelhaus,
Seit Urzeiten verlassen.
Du eilst zum Bahnhof, um bloß nicht
Den Zug noch zu verpassen.

Steif steigst du aus und hältst dir kaum
Beim Gähnen eine Hand vor,
Dann stehst du fassungslos und denkst:
Das kommt mir doch bekannt vor?!

Und grämtest du zu Tode dich
Ob deutscher Landschaft Mängel:
Am Himmelstor empfinge dich
Ein schlecht frisierter Engel.

SCHOTTISCHE ERÖFFNUNG

Mir träumt von reifen Weibern
Mit Leibern wie Schabracken.
Ich ließ in ihre Falten
Gern meinen Dudel sacken.

Auf mancher Flöte haben
Sie manches Lied gespielt.
Es war'n die Fingersätze,
Auf die man vieles hielt.

Der Kilt sinkt ab auf halbmast,
Hier ist er mein Billett.
Ich setz mein Dschunkensegel
Auf Lottes Lotterbett.

Da rauscht sie, die Fregatte,
Ich schwinge mich an Deck.
Das Luder rumzureißen
Hat seinen schönen Zweck.

SCHLAG DIE DECKE ZURÜCK, ES IST FRÜHLING!

Krokus, deine dicke Schwester
Herbstzeitlose bleibt in bester
Knolle aufgespart für später,
Wenn dein Bett ein abgemähter
Trockner Rasenläufer ist.

Blühe! Blinzle in die Kronen,
Zwinkre zu den Anemonen,
Laß dich nicht von Schafen treten,
Noch von Schäfern, denn sie täten
Unrecht dir vor Gnadenfrist!

Sieh nur rings die anverwandten
Weiß und lila Ministranten!
Artig dienen sie den Blicken
Der Betrachter und erquicken
Noch den Ochsen, der sie frißt.

AUF DEN WINTER

Auf den Winter freun wir uns,
Die wir Dank empfinden,
Wenn von Schultern, Arm und Fuß
All die niedlichen Tattoos
Unterm Stoff verschwinden.

PFLAUMENBAUM

An unserm hohen Pflaumenbaum
Hängt dieses Jahr nur eine Pflaum,
Und fällt sie runter irgendwann,
Häng ich mich selber oben an.

Dann hängt an unserm Pflaumenbaum
Mal eine etwas andre Pflaum,
Und fällt sie runter irgendwann,
Dann bin ich ab – und *du* bist dran!

HERBSTLICHES IDYLL

Schon watscheln Martinsgänse
In ungestörter Ruh
Durch nebelfeuchte Wiesen
Auf deinen Magen zu.

EBEN FIEL EIN BLATT

Eben fiel ein Blatt vom Strauch,
Ein herbstlich gelb und rotes.
Vom Fenster aus hab ich's gesehn,
Der Augenblick gebot es.

Es war ein kurzer Glücksmoment:
Ich blickte auf vom Lesen.
Nun kann ich sagen, und ich sag's:
Ich bin dabeigewesen!

SEPTEMBER

Jetzt ziehen sich die Bäume aus,
Wobei sie stark erröten.
Als ob sie kahl und hölzern noch
Was Sehenswertes böten.

Ein Gedicht der Kategorie "Erotik ohne Menschen". Was bleibt denn im Alter? Die Liebe zu den Pflanzen.

AUSBLICK

Kaum wird es im Winter milde,
Platzt die Asphaltdecke auf:
Wasser dringt in die Gefilde,
Nimmt in ihnen seinen Lauf.
Spätestens, wenn es gefriert,
Ist die Fahrbahn ruiniert.

Ich find Trost in dem Malheurchen,
Denn hier zeigt sich, daß die Welt,
Legt sie sich nur kurz aufs Öhrchen,
In den Urzustand verfällt
Und sich die Naturgewalten
Alles wieder schöngestalten.

FICHTENLIED

Wie Pinguine stehen sie,
Die Fichten, schwer beladen
Mit Schnee und Eis, und sehn hinab
Auf Skiläuferbrigaden.

Fährt derb der Mensch in sie hinein,
Dann scheppert's in den Ästen;
Zwei Fichten stehn und schütteln sich,
Umarmt von Urlaubsgästen.

DEZEMBERFEST

Weihnachtsmann, du alter Sack,
Geh mir aus dem Licht!
Kinderaugen leuchten noch,
Meine leuchten nicht.

Turmhoch stapelt sich der Krempel
Vormaliger Weihnachtsgaben.
Wenn du den entsorgen würdest,
Könnte ich dich lieber haben.

ZWEI PREUßEN

An einem aufgeklärten Morgen
Beschließt Friedrich Wilhelm Drei:
„Mit die spätbarockn Schnörkel
Isset ab sofort vorbei!

Aus Berlin muß Preußens Haupstadt,
Abbild meena Herrschaft werdn.
Herrschaftn: Een Spree-Athen
Will ick statt ditt Provinzloch sehn!“

Spähend kreist der rote Adler
In des Königs Kopf herum,
Der die Leere seiner Kasse
Zuschreibt der Franzosenrasse.

Im Verwaltungstrakt addiert man
Abgelaufne Zahlungsfristen.
An der klammen Haushaltslage
Schuld sind die Bonapartisten.

Achtzehnhundertzwölf kommt einer,
Der zu kalkulieren weiß,
Maler ist und Architekt
Und von ausgesuchtem Fleiß.

„Endlich!“ aufseufzt Friedrich Wilhelm.
„Hat die Predicht doch jefruchtet!“
Und er nickt, wenn Meister Schinkel
Klassik in die Landschaft wuchtet.

BERLINER, SICH DEM MÜLLKORB NÄHERND

Mit dem Großstadtmenschen
Kenne sich wer aus:
Wirft er was hinein?
Holt er was heraus?

DER FERNSEHTURM

Durch den Leib des schmucken Riesen
Fuhr man seit der Ulbrichtzeit
Hoch hinauf ins Oberstübchen,
Nirgends blickte man so weit
Und mit solchem Kitzel über
Mauern bis zum Ku'damm rüber.

Wenn es dämmerte, versank die
Eine Hälfte menschenleer,
In der andern wogte rauschend
Ein Reklamelichtermeer:
Selbst des Nachts war völlig klar,
Wo Osten und wo Westen war.

Ratlos streckte sich der Recke
In dem ungelobten Land,
War Triumph nur, wenn das Zwergvolk
Unten staunend vor ihm stand.
In der Kuppel stetem Drehn
Frönte es dem West-Fern-Sehn.

ÉCONOMIE DU GOÛT

Der Koch hat sich
Ein Lob
Verdient.

Er weiß
Mit einfachsten Mitteln
Zu enttäuschen.

BERLINER GEDENKPOLITIK

Neunzehnhunderteinundsechzig,
Als der Schutzwall grade stand,
Sah man Günter Litfin flüchten
Ins gelobte Niemandsland.

Arglos schwamm der junge Schneider
Durch des Humboldthafens Schlick.
Bald entdeckt von Grenzern, traf ihn
Eine Salve im Genick.

Er ist nicht umsonst gestorben,
Heute gilt er uns als Held.
Mit dem Titel „Ersterschossner“
Ist ein Mahnmal aufgestellt.

Merke: Wenn die Weltgeschichte
Dir mit Fleiß im Nacken sitzt,
Fördert das nicht die Gesundheit,
Doch dein Nachruhm ist geritzt.

KLEINSTADTMANEGE

Der Zirkus ist gerichtet,
Die Wiese hält ihn aus.
Zur Wagenburg verdichtet,
Dem Publikum verpflichtet,
Stehn Zelt und Mann und Maus.

Der alte Clown Gaspare,
Der sich noch stolz entsinnt
Der beifallsreichen Jahre
Mit Pauken und Fanfare,
Hockt neben seinem Spind.

Von achteinhalb Kamelen
Blieb nur das Dromedar,
Um Kinder zu beseelen,
Die nachher nicht verhehlen,
Daß alles öde war.

Die Lamas und Vaganten
Auf ihrem schmalen Pfad
Ziehn morgen früh nach Xanten.
Den weißen Elefanten
Gibt's nur auf dem Plakat.

NIEDERGANGSEPOCHE

Viele Frauen alter Zeit
War'n zur Ohnmacht stets bereit.
Heut ist jede Chance vergangen,
Eine Schönheit aufzufangen.

MELANCHOLIE

anläßlich der gleichnamigen Ausstellung
in der Berliner Nationalgalerie im Frühjahr 2006

Wände, vollgehängt mit Trübsal
In der immergleichen Haltung:
Kopf auf abgestütztem Arm.
Wie in der Senatsverwaltung.

ACH OLGA, MEIN RUSSISCH!

Ach Olga, mein Russisch,
Wo ist es geblieben?
Wer hat mir Kyrillien
Damals verschrieben?
Der Doktor, der Traktor,
Der klingende Satz;
Der rote, der russische,
Singende Spatz!

Der Sprache, die sechs Fälle kennt,
Hat keiner hinterhergeflennt,
Solange das Vokabelheft
In seinem Ranzen ranzte.
Solange die Sowjetarmee
Im Walde sich verschanzte.
Keine Träne ward vergossen
Für die Brüder und Genossen!

Olga, tu mir den Gefallen:
Laß uns wieder Russisch lallen!
In der Taiga ist viel Platz
Für noch manchen schönen Satz.
Laß uns eine Reise buchen
Und St. Leningrad besuchen!
Nichts kommt spurlos ganz abhanden.
Olga, hast du mich verstanden?

LANGE NACHT DER THEATER

Ich warte
Seit Jahren,
Daß es
Wieder
Hell wird.

FASSADE MALADE

Zieh die Klebefolie ab
Von der Hemisphäre
West,

Lös die Schicht
Aus Leuchtreklame,
Dabei stellst du fest:

Grau-poröse Nachkriegsbauten
Ragen nackt verschämt
Wie Krater.

Durch die Häuserschluchten
Ziehen
Anlageberater.

EIN SATZ HERMANN L. GREMLIZAS, WIE DER FISCH IN DIE DOSE VOM DICHTER INS METRUM GEPREẞT

Ich bin sehr gern in der Natur,
Per Rad und passioniert.
Ich liebe sie, vorausgesetzt,
Sie ist gut asphaltiert.

WAIDBLICK

Finken flöten in den Zweigen
Filigran, und vielerlei
Waldaromen übersteigen
Moosbewuchs und Akelei.

Bache, Frischlingsschar und Keiler
Wogen in der Lichtung Glanz.
Niemals war die Welt mir heiler,
Nie so frei von Firlefanz.

Um den Tag auch zu beschließen,
Glücklich und im Herzen still,
Muß ich, Bruder Sau, dich schießen,
Wenn ich abends grillen will.

AN EINEN FREUND

O ich Unwürdiger, der ich in Faulheit erstarrt darbte
Und nicht die Regung fand, Dir zu mailen!
Nicht sollst Du zürnen mir, nicht sollst Du denken,
Ich sei, brüsk im Duktus, von Dir abgefallen!
Ein Schauer war es, welcher meine Seele näßte,
Der meinen Frohsinn ramponierte und mich verdroß.
In kümmerlicher Weltbetrachtung ersann ich Verse,
Denn all mein Hoffen wohnt in deren Werden.

Sprich, Freund, sollen wir, eingedenk der Sitte
Unserer Väter und Ahnen, die Feder ergreifen
Und wie althergebracht Papier mit Tinte beschreiben?
Welcher Sorgen würde es mich entheben
Hinsichtlich jener natürlichen Rhythmik,
Welche entstünde! Statt ungezählter E-Mails,
Gelesen, gelöscht und vergessen,
Belebte uns der Wohlklang des brechenden Siegels.

Brächte nicht dies erst die Feldpost zum Blühen
Und feite uns sanft vor den Tücken der Medien?
Wo in der Handschrift verzeichnet ist der Zustand
Eines denkenden Herzens und sein Pochen im Schädel;
Wo erst entziffert werden müssen die blauen Vehikel;
Wo lauschend das Eselsohr den Vers beschattet:
Dorthin wünsche ich uns, in die Fülle einsamer Tage.
Drum singe und sage: Och, warum nicht?

AN IMMERFORT DENSELBEN

Laß dich nicht von mir entzweien,
Weil du meine Fehler schaust.
Ich will treulich zu dir stehen,
Wenn du selber Scheiße baust.

Der Verstand hat seine Grenze,
Wo die Freiheit ihn verführt:
Wenn ein unerwartbar dummer
Blick dich geistverwandt berührt.

Wenn wir einst als alte Männer
Krückverstockt vorm Kirchturm stehn,
Lassen wir, der Faust entronnen,
Unsre Mittelfinger sehn.

THEORIE UND PRAXIS

Manche Leute haben heute
Recht obskure Phantasien,
Und sie brüten über Mythen
Und Verschwörungstheorien.

Viele heben im Bestreben,
Vom Verschwören gut zu leben,
Jeden feuchten Stein empor:
Sieh mal an! Ein Meteor!

VARIETÉ

Wo Bällewerfer unverprügelt leben
Und Menschen in sich selbst als Rolle schlüpfen;
Wo Milchbuben sich falsche Bärte kleben,

In Tüll drapiert marode Mädchen hüpfen
Und ihre Bälger die Garderoben füllen;
Wo nichts zu Sinnhaftem sich will verknüpfen;

Wo Zauberer gekaufte Tricks enthüllen
Und Alberne das Albernsein noch üben;
Conférenciers die Namen derer brüllen,

Die auf der Welt, den Weltgeist zu betrüben:
Das Publikum, hier setzt es sich zusammen
Und lauscht dem Sermon mit frisierten Rüben.

Wo Parodisten ihre Witzchen rammen
Mit überspannten goebbelsgleichen Mienen,
Um Mann und Maus mit Bockmist zu entflammen,

Da widme ich mich lieber den Terzinen.

KLEINKÜNSTLER

Er reist sein Leben lang. Man sieht
Ihn selten in Begleitung.
Er steht nicht gern im vollen Zug,
Doch gerne in der Zeitung.

Sein Charme, verstaut im Handgepäck,
Wird abends erst entfaltet.
Kein Aufwand lohnt, wenn nicht zugleich
Vernehmbar Zuspruch waltet.

Das Publikum spürt seinen Hauch
Und braucht ihn wie die Sünde.
Es lachte aber vielleicht auch,
Wenn dort ein andrer stünde.

DU SOLLST MIT DEN FREUNDSCHAFTEN HAUSHALTEN

Mensch, der du spürst, daß die Menschen dich mögen,
Dir nahe sein wollen am Tag und bei Nacht:
Auf Neider und Feinde hast du nichts zu geben,
Auf Gönner und Freunde hingegen gib acht!

Du kannst niemals mehren beliebig die Anzahl
Der nahe dir Stehenden um dich im Kreis,
Sonst zeigen vernachlässigt sich die Gemochten
Und bringen sich munter in Harnisch und Schweiß.

Sie senden dir Briefe und Päckchen und Sorgen
Und stopfen dein Haus mit beleidigter Wurst.
Drum haushalte weise, und weise den meisten
Die Tür mit dem Hinweis: Ich kann es mir leisten.

GEDANKE AM ABEND*

Ich bin nicht auf der Welt, um alles richtig zu machen.

*Das ist nun wirklich kein Gedicht. Nicht einmal ein modernes. Aber Sie sollen ja auch ein bißchen Abwechslung haben.

ORIGAMI IN DEUTSCHLAND

Die japanische Legende
Sagt, daß, wer am Tagesende
Tausend Kraniche geknifft,
Eine Handvoll Götter trifft,
Welche einen Wunsch erfüllen.

Was in Deutschland übrig blieb,
Als man sich der Kunst verschrieb,
Kommt in den Hotels ans Licht:

Wo ästhetisches Empfinden
Frei von Manierismus waltet,
Ist das erste Blatt der Rolle
Klopapier von Hand gefaltet.

KOMASUTRA

Immer wenn sie einander
Erkennen wollten,
Waren ihnen die Augen vor
Müdigkeit längst
Zugefallen.

KLEINKINDER

Man weiß nie,
Ob sie einem
Das Herz
Oder
Das Trommelfell
Zerreißen.

WAHLSONNTAG

Heut ist Sonntag, und die Bundes-
politik umgarnt mich heiß,
Daß auch ich mein tiefempfundnes
Kreuzchen in die Urne schmeiß.

Hört, ihr braven Demokraten,
Falls ihr noch zu retten seid:
Wenn es was zu wählen gibt, dann
Sagt der Onkel euch Bescheid.

Stets noch hat das kleinre Übel
Sich als größeres entpuppt.
Bleibt daheim in euerm Stübl,
Würfelt, kegelt, jodelt, schrubbt …

WAS BIN ICH?

Wieder ruft das Wahllokal.
Diesmal denk ich: Gehste mal.
Schreib dort dokumentenecht:
Mir ist jedes Schweinderl recht.

FAZIT

Zwischen dir und dem Idyll
Steht zumeist ein Haufen Müll.

ICH FINDE, MAN KÖNNTE

Ich finde, man könnte
Und sollte doch endlich,
Jetzt, wo schon so viele ...
Es wär doch verständlich!

Es liegt in der Luft, und
Ich könnte drauf wetten,
Daß fast alle kämen
Und Spaß daran hätten.

Man müßte doch bloß
Überhaupt mal beginnen!
Das wär doch gelacht. Mensch,
Man kann nur gewinnen!

Die Zeit ist längst reif, und
Wir machen Geschichte.
Wie, ich soll als erster?
Ich schreib nur Gedichte!

EINMAL IM JAHR

Einmal im Jahr reinige ich
Auf meine unbeholfene Art
Das Dach von Vaters Gartenlaube.

Einmal im Jahr steht er unten und –
Macht Fotos davon.

Einmal im Jahr denke ich:
Da ist er wieder, der
Katastrophentourismus.

AN MEINE MUTTER

Keine kann wie du so fein
Und geschmackvoll Tische decken
Und dabei von vornherein
Voll der üblen Launen sein,
Die sie dann beflecken.

Seltsam, alle sind's zufrieden,
Ob zu Hause, ob im Garten,
Bis zum Zeitpunkt des rapiden
Stimmungsabfalls, der entschieden
Die trifft, die schon auf ihn warten.

Frau, dein Zweitname ist Laune
Und dein Fach Dramaturgie.
Ich, der ich seit Jahren staune,
Daß du bleibst die unverhau'ne
Gattin – ich kapier das nie.

Meine Freundin, nicht ganz frei
Von dem Eifer, dir zu gleichen,
Findet selber nichts dabei
Und übt sich in Quengelei,
Wird dich aber nie erreichen.

DER KOMIKER UND SEIN VATER

Beim letzten Besuch, als uns Abwechslung fehlte,
Da nahm mich mein Vater beim Arm und erzählte
Von seinen Wehwehchen und Altersgebrechen
Und kam dann schlußendlich auf mich noch zu sprechen.

So um neunzehnneunzig, sprach er, wie schon häufig,
Da sei ihm die Marktwirtschaft so nicht geläufig
Gewesen. Das Wasser stand ihm bis zum Hals.
Er kriegte kaum mit, wie ich groß wurde, als

Jener wohlstandsverwelkte Parteiauftragsbote
Herr K. ihm mit blühenden Landschaften drohte.
Mich habe er damals vernachlässigt, bloß:
Geschehen sei dies doch komplett absichtslos.

Der Staat brach zusammen, die Ehe lief schlecht.
Nachtragend zu sein, ich hätte das Recht.
„Glaubst du“, fragt er mich, „blieben Schäden daneben?“
Ich antworte: „Schon. Doch ich kann davon leben.“

AUS DER FAMILIENCHRONIK

Da fragt man Onkels, Omas, Tanten,
Die Hochbetagten der Verwandten:

Was hat der Opa in Rußland gemacht?
An welcher Front? In welcher Schlacht?
Und keiner hat viel mehr parat
Als irgendwas mit Stalingrad.

Kein Töten? Keine Judenhatz?
Kein Haß? Kein Gas? Kein Bunker?
Ach watt! Im Chor ertönt der Satz:
Der Oppa war nur Funker!

DIE KUCKUCKSUHR

Meine kleine Kuckucksuhr,
Mit der Gams geschmückt,
Schwingt ihr Pendel auf dem Flur,
Wo der Gast sich bückt.

Schon ein ganzes Jahr nun tickt
Dieses Räderwerk,
Und ich lege, hoch erquickt,
Drauf mein Augenmerk.

Kürzlich stockt der Atem mir,
Denn die Zeiger stehn!
Nur das Perpendikel hier
Schaukelt souverän.

Meine kleine Kuckucksuhr,
In Taiwan gebaut,
Brauchte Batterien nur
Und gibt wieder Laut.

STELLDICHEIN

Ich seh ihr so gerne beim Teeschlürfen zu:
Die Lippen, sie formen sich endlich zum Du.
Begegnen mit Vorsicht dem noch heißen Wasser,
Belächeln mit Nachsicht den Odenverfasser.

Tagträumend, daß wir es dereinst zu was bringen,
Obgleich sie sehr zaghaft wirkt in allen Dingen,
Will ich ihr grad sagen, was ich für sie fühle,
Da schickt sie mich plötzlich zur Wohnküchenspüle.

Sieh da, ich gehorche. Als müßt es so sein!
Und winde die Bürste in Gläser hinein.
Ich dränge und schiebe sie bis auf den Grund:
Sie quietscht vor Vergnügen; ich scheuer mich wund.

Da kommt meine Flamme und spricht zu der Katz,
Die sie auf dem Arm trägt, den niedlichen Satz:
„Die Tatkraft des Mannes wird dann erst konkret,
Wenn ihm statt des Piephahns – die Kochschürze steht.“

DIE DIVA

Nach drei Schichten, die ich hochschieb,
Wölbt sich mir das volle Rund
Deines Bauchs erhitzt entgegen,
Schnüffelnd lob ich jedes Pfund.

Da, wo noch der rosa Abdruck
Eines Hosenknopfes glimmt,
Docken meine rauhen Lippen
An und ab und zu vernimmt

Unsre Katze ein verwandtes,
Ihr indessen unbekanntes,
Schnurren tiefster Wohligkeit,
Und ihr Auge blitzt vor Neid.

DER ONKEL UND DIE KATZE

Er saß tief im Sessel, mit Pfeife und Rätsel.
Gebäck mit sechs Buchstaben? Das ist die Brezel.

Die Katze, vergilbt von den Tabakrauchschwaden,
Nimmt passiv als Raucherin merklichen Schaden.

Doch wehe! Da brennt es! Die Couch steht in Flammen!
Der After der Katze, er zieht sich zusammen.

Infolge des Brandes qualmt nun auch die Mieze.
Am Tage darauf, ohne Würde, verschied se.

DER MIESEPETER AN SEINE GELIEBTE

Dein Frohsinn gleicht dem Weltgeflunker
An Dringlichkeit und Relevanz:
Nichts Dringliches, nichts Relevantes
Geht dir so leicht an die Substanz.

Bestaunend deine Lebensfreude,
Bevormundet von deinem Kuß,
Verstehe ich, wenngleich nicht gern,
Daß hier mein Gram verfliegen muß.

MIT DEM PHOTOAPPARAT IM SPÄTHERBSTLICHEN PARK

So geht das Jahr zu Ende,
Zinnobern und oliv.
Frau Floras schlaffe Lende
Hängt mir ins Objektiv.

FREUDEN DES ALTERS

Da stehn sie, die Herren gediegenen Alters,
Und lupfen die Latze im Stadtpissoir.
Minutenlang starren die Giesberts und Walters
Hinab auf ihr streikendes Prachtexemplar.

Sie rütteln und schrauben an ihren Gemächten
Und quälen den Tropfen nur mählich hervor.
Die Hausärzte sahen bereits nach dem Rechten,
Verschrieben Tabletten und Galgenhumor.

Jetzt wippt in den Knien der erste Matrose
Und stopft seinen faltigen Lümmel zurück.
Zieht bis an die Achseln die Bundfaltenhose
Und wünscht im Hinausgehn den andern: „Viel Glück!“

SILBERNE HOCHZEIT

Was waren das für Zeiten einst,
Sei ehrlich, meine Gutste,
Als man in unserm Staate noch
Den Menschen in sich duzte!

Du widersprichst? Die Zeiten gab
Es weder einst noch heute?
Dann kennen wir, verdammte Axt,
Wohl doch verschiedne Leute!

HANDWERKS GOLDNER BODEN

Mein Klempner ist ein wackrer Mann,
Der sich zwei Autos leisten kann:
Im einen ist das Werkzeug drin,
Im anderen die Nachbarin.

Mein Bäcker weiß nichts von Know-how,
Die Backmischung schmeckt grau in grau.
Er langweilt mich mit seinem Mist,
Ich frag mich, was er selber frißt.

Mein Schuster ist ein Handwerksmann,
Der seine Kundschaft leimen kann.
Er bleibt bei seinen Leisten nicht,
Wir sehn uns dann vorm Amtsgericht.

MAN LERNT NIE AUS

freien Stücken

HULDIGUNGSADRESSE

Lauschend zogst du durch die Lande,
Und das Reich war dir ein Hort:
Bauschend hoben sich die Röcke,
Über Grenzen klang dein Wort.
Könige und Fürsten, alle
Badeten in deinem Schalle.

Höre, wie ich dich beneide,
Walther von der Vogelweide,
Um die Verse, die saloppen,
Wenn es galt, den Papst zu foppen;
Um die Flugbahn deiner Minne
Über Feld und Dorf und Zinne.

Wie zu loben all die Frauen
In den Burgen und den Auen;
Wie mit Tönen, laut und leisen,
Noch die hässlichsten zu preisen,
Lehrte dich der Hagenauer
Reinmar reichlich Gassenhauer.

Und du zogst von Hof zu Hofe
Mit je einer weitren Strophe.
Ich hingegen zieh mit Groupies
Um die Häuser auf dem Land.
Ach, ich hab die Hohe Minne
Vorerst nur aus zweiter Hand.

DER MÜLLER VON EULENBIS

War einmal ein armer Müller,
Der sein Mühlchen, schief und schmal,
Technisch revolutionierte
Überm Weilerbacher Tal.

Sämtliche der Antriebsriemen
Schnitt er nacheinander ab,
Brachte seinen Mühlstein mittels
Zahnradkonstruktion auf Trab.

Ei, wie klapperte die Mühle
Effizient und elegant!
Dies genauer zu erklären,
Fehlt uns hier der Sachverstand.

Einfach so drauflos zuraten,
Wollen wir uns besser hüten;
Kurz zu sein: Das Mehl war schneller
Als bisher in Sack und Tüten.

Zugeneigte Konkurrenten
Stifteten bald einen Brand.
Eine Rauchwolke erhob sich,
Wo die Mühle grad noch stand.

Müller Johann Niclas hatte
Nicht das Geld, neu aufzubauen.
Grad genug war noch vorhanden,
Um nach Neustadt abzuhauen.

Johann Niclas Müller (1669–1732) verbesserte sukzessive die Kraftübertragung in seiner Mühle. Die von ihm eingesetzte Zahnradmechanik wurde vielfach kopiert und verbreitete sich, ohne mit ihrem Urheber in Verbindung gebracht zu werden. Dem Erfinder des Faustkeils ging es nicht anders.

FEIERABENDLIED

Der Gärtner stellt die Harke weg,
Die Bauern betten sich zur Ruh,
Die Ärztin schreibt den letzten Scheck,
Der Pfarrer knöpft die Hose zu.

ERFAHRUNGSWERT

Wir brauchen nicht zu streiten.
Mir sagt die Empirie:
Es war zu *allen* Zeiten
Die Jugend blöd wie nie.

HEUREKA

Ich hab ein graues Haar entdeckt
Im Pony meiner Frau.
Es hatte sich ganz schlecht versteckt,
Ich sah es haargenau.

Nun fällt mein Auge täglich drauf,
Ich finde das verkehrt.
Auf keinen Fall kriegt sie von mir
Noch mal ein schwarzes Pferd.

PERSPEKTIVEN

Als Kind bist du geritten,
Da ging es flott im Kreis.
Du hast es gern gelitten,
Nie brannte dir der Steiß.

Als Mensch der Mittelreife
Versuchst du es erneut
Mit ungleich größrer Steife
Und bleibst ganz unerfreut.

LEISE ZIEHN DURCH MEIN GESTÜT

Leise ziehn durch mein Gestüt
Düfte alter Gäule.
Durchweg edel von Geblüt,
Herb von Hufstrahlfäule.

Rauch mein Pfeifchen vor dem Stall,
Wo die Tiere malmen:
Daß nicht nur und überall
Pferdeäpfel qualmen.

OBSTBAU IN TIROL

Purpurne Schneewittchenäpfel
Säumen den Plantagenweg.
Ohne mich da auszukennen:
Bäume kann man das nicht nennen.

Bäume, so wie ich sie kenne,
Tragen oben eine Krone,
Daß in weitverzweigten Ästen
Amsel, Spatz und Drossel wohne.

Die hier malträtierten Pflanzen
Klammern sich an Gitterdraht,
Und sie zittern, wenn der Traktor
Mit den Erntehelfern naht.

Angetreten in der Reihe,
Grapscht die kalte Pflückerhand
Nach der unschuldigen Frucht und
Schleudert sie aufs Förderband.

Wenn sich überkronte Zähne
In das zarte Fruchtfleisch bohren,
Gelten meine Tränen diesen
Hecken fern der Streuobstwiesen.

Für die Pedanten unter Ihnen: Ja, auch die Amsel ist eine Drossel.

IM ZOO

Plötzlich nähert sich – Watt willa? –
Ein ganz furchtbarer Gorilla,
Nimmt mit aufgestellter Lanze
In den Blick – das große Ganze?
Siehe: Nein! Die Augen ruhn
Wild entschlossen auf dem Huhn.
„Pfleger! Hilfe!" ruf ich laut.
„Dafür ist es nicht gebaut!"

Bitte verabsäumen Sie nicht, sich auch am Akrostichon zu erfreuen.

ALGENHUMOR

Sprach die Alge: „Seltsam, Mann,
Daß ich plötzlich sprechen kann ...“

BEDEUTENDES GEDICHT

Wie ich übern Rummel bummel,
Schieß ich mir'n Ratzefummel.
Spätgeborner, der du feind-
selig fragst, was dieses meint,
Du erfährst noch früh genug:
Es ist nicht der Schlafanzug!

ratzen (*ugs. für:* schlafen), Fummel (*ugs. für:* Fummel)

KULTURGESCHICHTE DER NEUZEIT

Gar nicht weniges verwundert
Uns am früheren Jahrhundert:
Zeiten haben Eigenschaften,
Um sich selber zu verkraften.

ES WAR EINE MUTTER

Es war eine Mutter,
Die hatte vier Kinder:
Den Frühling, den Sommer,
Den Herbst und den Günther.

Der Frühling bringt Blumen,
Der Sommer bringt Klee,
Der Herbst, der bringt Trauben,
Und Günther schippt Schnee.

ZU DIESER AUSGABE

In der ersten rohen Fassung
Dieses Buches stand noch drin,
Daß ich für die freie Liebe
Nicht so recht zu haben bin.

Doch die Einsamkeit beim Schreiben
Warf mich in ein tiefes Loch.
Schöne Frau, die du hier blätterst,
Höre nur: Ich bin es doch!

ALPHABETISCHES VERZEICHNIS DER *GEDICHTANFÄNGE* UND -ÜBERSCHRIFTEN

BESENKAMMER

Lyrik verdankt sich den Widrigkeiten der Welt. Der Welt für ihre Widrigkeiten zu danken, kommt dem Lyriker nicht in den Sinn. Aber es gibt Menschen, denen ich danken möchte: Felix Bartels für Freundschaft und Weitblick, Magdalena Terhorst für Bekanntschaft und Durchblick sowie Daniel Oertel für sein Engagement, das ganze Buchprojekt betreffend. Von meinem Dank ausnehmen möchte ich die Wildecker Herzbuben.